E-Book inside

Mit dem Kauf dieses Buchs erhalten Sie das zugehörige E-Book gratis. Sie können dabei aus drei Dateiformaten wählen: EPUB (gängiges Format für E-Reader und Tablets), PDF (für PC und Laptop) oder MOBI (für den Amazon Kindle). So kommen Sie an Ihr kostenloses E-Book:

Rufen Sie im Internet diese Website auf:
↗ http://www.junfermann.de/ebook-inside

Geben Sie den unten stehenden Code in das dafür vorgesehene Feld ein und klicken Sie → Code einlösen. Nach Eingabe Ihrer E-Mail-Adresse und Auswahl des E-Book-Formats erhalten Sie sofort einen Download-Link für das gewünschte E-Book an Ihre E-Mail-Adresse.

Bitte beachten Sie, dass der Code für Sie personalisiert wird und nur einmal gültig ist. Die Datei müssen Sie zunächst auf Ihrem Computer speichern, bevor Sie sie auf ein mobiles Endgerät überspielen können.

U379IZZQ

Marshall B. Rosenberg

Liebe leben – Tag für Tag

Gewaltfreie Kommunikation in Familien und Beziehungen

www.junfermann.de

blogweise.junfermann.de

www.facebook.com/junfermann

twitter.com/junfermann

www.youtube.com/user/Junfermann

www.instagram.com/junfermannverlag

MARSHALL B. ROSENBERG

LIEBE LEBEN – TAG FÜR TAG

GEWALTFREIE KOMMUNIKATION IN FAMILIEN UND BEZIEHUNGEN

Aus dem Italienischen von Petra Quast

Junfermann Verlag
Paderborn
2019

Copyright	© der deutschen Ausgabe Junfermann Verlag, Paderborn 2019 © der Originalausgabe *„Vivere l'amore ogni giorno con la Communicazione Nonviolenta"*: Edizioni Esserci 2010 Via Silvano Caleri, 14, 42100 Reggio Emilia, Italia info@centroesserci.it www.centroesserci.it
Übersetzung	Petra Quast
Coverfoto	© emoji – Photocase
Covergestaltung / Reihenentwurf	Junfermann Druck & Service GmbH & Co. KG, Paderborn
Satz & Layout	Junfermann Druck & Service GmbH & Co. KG, Paderborn

Bibliografische Information der Deutschen Nationalbibliothek

Die Deutsche Nationalbibliothek verzeichnet diese Publikation in der Deutschen Nationalbibliografie; detaillierte bibliografische Daten sind im Internet über http://dnb.d-nb.de abrufbar.

ISBN 978-3-95571-769-8

Dieses Buch erscheint parallel als E-Book
ISBN: 978-3-95571-860-2 (EPUB), 978-3-95571-862-6 (PDF), 978-3-95571-861-9 (MOBI).

Inhalt

Dieses Buch gibt in freier Form Inhalte und Dialoge eines sehr gut besuchten Seminars mit Marshall Rosenberg wieder, das in Casalgrande (Reggio Emilia) stattfand. Mit den begeisterten Teilnehmern sprach Rosenberg darüber, wie wir die Gewaltfreie Kommunikation mit den Menschen leben können, die uns am nächsten sind. Welche Möglichkeiten haben wir, durch eine menschliche und liebevolle Verbindung zu unserer Familie jeden Tag Liebe zu geben und Liebe zu empfangen?

Einführung

Angela B.: Guten Abend. Wir dürfen Marshall Rosenberg bereits zum zweiten Mal in Casalgrande begrüßen. Wir haben ihn also fast schon adoptiert. Ich sage fast, weil es für eine richtige Adoption noch einiger weiterer Zusammentreffen bedarf. Marshall Rosenberg kümmert sich schon seit Jahren um Probleme mit der Kommunikation. Dafür hat er ein Modell entwickelt, das er uns heute Abend vorstellen wird. Einige von Ihnen hatten vielleicht schon letztes Jahr Gelegenheit, an unserem GFK-Seminar teilzunehmen. Der Zuspruch war damals groß und das Thema erschien uns enorm wichtig und keinesfalls banal. Die Kommunikation mit unseren Lieben mag uns manchmal als selbstverständlich erscheinen und wir unterschätzen leicht, welche Auswirkungen es hat, wenn der Austausch mit den Menschen, mit denen wir zusammenleben, schwierig ist oder gar nicht funktioniert. Im Alltag führt das oft zu extrem schmerzhaften Situationen.

Uns ist dieses Thema wichtig und es ist von breitem Interesse. Schließlich sind wir alle auch Familienmitglieder, ob als Eltern, Kinder, Onkel oder Tanten. Unabhängig davon ist es aber auch für jeden Einzelnen von uns interessant. Unser Dank gilt Vilma Costetti vom Centro Esserci in Reggio Emilia. Das Centro ist in Italien ein Anlaufpunkt für Initiativen zur Gewaltfreien Kommunikation. Vilma Costetti ist international zertifizierte Trainerin und ihr haben wir es zu verdanken, dass wir heute Abend Marshall Rosenberg bei uns haben. Ich wünsche allen viel Erfolg und übergebe das Wort an Vilma.

Vilma Costetti: Guten Abend. Es ist mein großer Wunsch, das von Marshall Rosenberg entwickelte Sprachmodell in Reggio Emilia und Italien bekannt zu machen, denn für mich hat die alltägliche Anwendung sehr zu meinem eigenen Wohlbefinden beigetragen. Als ich begann, die GFK in der Beziehung zu mir selbst und in der Beziehung zu meinen Lieben anzuwenden, stellte ich fest, dass mein Leben nach und nach immer angenehmer und freudvoller wurde. Viele Situationen, die vorher ein regelrechtes Drama für mich waren, kann ich nun mit viel mehr Leichtigkeit bewältigen. Diese Erfahrung hat mein Leben ohne Zweifel enorm verändert. Die Gewaltfreie Kommunikation (GFK) erfüllt mich mit Leidenschaft und gibt mir täglich aufs Neue den Anstoß, meine Erfahrungen mit möglichst vielen Menschen zu teilen. Vielen Dank, dass Sie der Einladung zu diesem Abend nachgekommen sind.

Marshall B. Rosenberg (MBR): Ich freue mich sehr über die Gelegenheit, diesen Kommunikationsprozess mit Ihnen zu teilen. Wie schon gesagt wurde, konzentrieren wir uns heute Abend darauf, wie man diese Methode im Umgang mit den Menschen anwenden kann, mit denen wir täglich zusammenleben – in der Familie. Wir beschäftigen uns aber auch damit, wie wir in bestimmten Situationen konkret die Nähe herstellen und die Liebe geben und empfangen können, die wir uns so sehr wünschen. Ich hoffe auch, dass Sie im Laufe des Abends sehen werden, dass wir diesen Ansatz für viele Aspekte unseres Lebens nutzen können. Er unterstützt uns in der Kommunikation mit uns selbst. Er kann uns am Arbeitsplatz nützlich sein und auch in der Politik kann er uns helfen. Heute Abend werden wir uns anschauen, auf welche Weise die Gewaltfreie Kommunikation im Umgang mit unseren Lieben und im Kontakt mit den Mitgliedern unserer Familie umgesetzt wird. Zuerst möchte ich etwas zum Ziel der GFK sagen, die ich auch als eine mit dem Leben verbundene Kommunikation bezeichne, als Sprache des Herzens oder als Giraffensprache.

Er zieht Handpuppen aus seiner Tasche: eine Giraffe, einen Wolf, eine Babygiraffe und einen Babywolf; außerdem Wolf- und Giraffenohren, die an Haarreifen befestigt sind. Diese Materialien werden im Laufe des Seminars immer wieder zum Einsatz kommen, um die Schlüsselunterscheidungen der Gewaltfreien Kommunikation zu veranschaulichen.

Warum wird mit diesen Handpuppen gearbeitet? Sie fördern den Lernprozess und helfen, ihn angenehmer zu gestalten. Einige grundlegende Punkte der Sprache des Herzens lassen sich so leichter vermitteln. Wofür stehen Wolf und Giraffe? Die Giraffe ist das größte auf dem Land lebende Säugetier, ihr langer Hals ermöglicht ihr einen weiten und tiefgründigen Überblick. Sie ist ein sehr starkes Tier, einer ihrer Tritte kann einen Löwen töten, aber die Giraffe legt es nicht darauf an, ein anderes Lebewesen zu töten. Der Wolf dagegen hilft uns, ein Bewusstsein für die vom Leben abgeschnittene Kommunikation zu entwickeln.

1. Geben und nehmen

Die Gewaltfreie Kommunikation hat etwas damit zu tun, auf welche Weise wir füreinander da sind, wie wir unsere Liebe zum Ausdruck bringen und wie wir Liebe empfangen. Es gibt so viel, was wir uns gegenseitig schenken können. In einer Familie geben und empfangen wir viele Male – jeden Tag. Wir bereiten täglich Mahlzeiten zu, machen das Haus sauber und bringen andere irgendwohin oder holen sie ab. Auch wie wir uns gegenseitig Aufmerksamkeit widmen und unser Wissen teilen ist ein Geschenk. Wir haben viel zu geben und viel von unseren Lieben zu empfangen. Wichtig ist hier die Energie, die diesem Prozess zugrunde liegt. Die GFK – die Giraffensprache – hat das Ziel, uns dabei zu unterstützen, einander von Herzen zu geben. Wenn wir einander geben, dann nur mit der Absicht, das Leben des anderen schön zu machen. Ich glaube, wenn wir uns dessen vollkommen bewusst wären, würde in einer Familie jeder gerne auf diese Weise geben und empfangen. Doch oft geben wir aus anderen Gründen, die für niemanden angenehm und zufriedenstellend sind.

Dazu jetzt einige Beispiele. Manchmal geben die Mitglieder einer Familie leider aus einem Pflichtgefühl heraus oder weil sie glauben, dazu gezwungen zu sein. Wenn man sie fragt, warum sie tun, was sie tun, antworten sie: „Weil ich muss." Wenn Menschen aus einer solchen Energie heraus anderen etwas geben, werden am Ende alle dafür zahlen und die Lust am Geben wird so zerstört. Das möchte ich Ihnen zeigen. Wenn wir geben, weil wir meinen, wir hätten keine Wahl; wenn wir also aus einem Pflichtgefühl heraus handeln, weil wir glauben, etwas zu müssen, dazu gezwungen zu sein oder es tun sollten, dann können alle nur verlieren. Derjenige, der gibt, verliert, weil er aus einer Art Sklavenmentalität heraus handelt und nicht, weil er sich bewusst ist, dass er so sein eigenes Leben auf wundervolle Weise bereichern kann. Wann immer wir etwas nicht gerne und mit Freude, sondern aus irgendeinem anderen Grund heraus tun, hat das für uns alle Konsequenzen.

Wolfssprache: Pflicht, Schuld und Scham

Abgesehen von Pflichtgefühl und Zwang gibt es noch andere Gründe, warum Menschen etwas geben. Einige Leute tun es, um Schuldgefühle zu vermeiden. Werden in einer Familie Schuldgefühle genutzt, um andere zum Geben zu bewegen, wird wahrscheinlich Wolfssprache gesprochen. Sie eignet sich hervorragend dafür, andere dazu zu bringen, Dinge aus Schuldgefühlen heraus zu tun. Hier kommt eine typische Wolfsbotschaft. Schaut euch den Wolf an, wie er in der Ecke sitzt, nichts sagt und sehr beleidigt aussieht. Das Kind kommt und sagt:

KIND: „Mama, was hast du?“

MUTTER: „Ich war gerade in deinem Zimmer. Ich habe gesehen, dass du dein Bett nicht gemacht hast.“

Mit dieser Botschaft versucht der Wolf dem Kind zu sagen:

WOLF: „Sieh mal, was du mir angetan hast! Es ist nur deine Schuld, dass ich mich so schlecht fühle. Wenn du mich lieben würdest, hättest du das Bett gemacht.“

Wenn das Kind jetzt ins Zimmer geht und das Bett macht, wird die Mutter dafür zahlen, denn wenn wir etwas für jemanden tun, weil wir Schuldgefühle empfinden, verlieren wir alle. In der Wolfssprache benutzt man Gefühle, um andere dazu zu bringen, sich schuldig zu fühlen, damit sie dann aus dieser Empfindung heraus das tun, was wir wollen. Man sagt dann Dinge wie: „Du verletzt mich, wenn du dich so verhältst“, oder: „Du machst mich wütend, wenn du das sagst.“

Es gibt noch einen Grund, aus dem heraus Menschen einander geben und bei dem am Ende alle zahlen, und das ist Scham. Ein anderer tut nicht, was man will, und man klebt ihm ein Etikett auf, ein moralisches Urteil. Der andere glaubt schließlich, etwas an ihm sei falsch. Die Wolfssprache ist voller Etiketten, um Menschen dazu zu bringen, aus Scham zu handeln.

Das Herz der Giraffensprache hingegen besteht darin, in der Lage zu sein, klar auszudrücken, was wir brauchen. Dann richten wir präzise Bitten an die anderen und machen dabei klar, dass es sich tatsächlich um Bitten und nicht um Forderungen handelt. Wenn andere unsere Bedürfnisse, unseren inneren Reichtum, sehen können und wenn diese auf eine respektvolle Weise zum Ausdruck gebracht werden, wird es ihnen leichter fallen, ebenfalls zu geben.

Schauen wir dagegen mal, was der Wolf macht, wenn seine Bedürfnisse nicht erfüllt sind. Anstatt zu sagen, was er braucht, verurteilt er den anderen und sagt ihm zum Beispiel, er sei unsensibel. Wenn Sie sich das Leben vermiesen wollen, dann tun Sie Folgendes: Sobald andere Ihre Bedürfnisse nicht erfüllen, erklären Sie, was falsch an ihnen ist, weil sie etwas Bestimmtes nicht tun. Wenn ein Kind nicht so aufräumt, wie Sie es gerne hätten, sagen Sie ihm, es sei faul. Wenn Ihr Partner nicht tut, um was Sie bitten, sagen Sie ihm, er sei unsensibel oder würde nicht genug Zeit mit Ihnen verbringen. Eine Sprache, die Menschen verurteilt, wenn sie nicht das tun, was wir wollen, versucht mit Scham als Druckmittel zu erreichen, dass die anderen uns etwas geben. Das ist vor allem deshalb traurig, weil genau das Gegenteil erreicht wird: Je mehr Kritik oder Urteile Menschen hören, umso weniger Lust haben sie, zu unserem Wohlbefinden beizutragen. Wenn Ihnen die anderen nicht das geben, was Sie wollen, sagen Sie ihnen, sie seien egoistisch. Auf diese Weise können Sie fast sicher sein, dass niemand Lust haben wird, Ihr Leben zu bereichern. Niemand wird Ihnen gerne etwas geben, denn Urteile, deren Grundlage ein Konzept von „Falschsein" ist, führen zu einer sich selbst erfüllenden Prophezeiung. Wenn Sie denken, jemand sei egoistisch, machen Sie es dieser Person schwer, Ihr Leben zu bereichern. Für jemanden, dem Sie sagen, er sei faul, wird es sehr schwer sein, etwas für Sie zu tun.

Wenn der Wolf nun so zerstörerisch ist, wie ich soeben dargestellt habe, macht er es den Menschen schwer, Freude beim Geben zu empfinden. Warum sollten wir also überhaupt Wolfssprache mit unseren Lieben sprechen? Genau das wollte ich besser verstehen. Ich wollte wissen, welche Sprache uns helfen könnte, bereitwillig und gerne zum Leben anderer beizutragen, aus Liebe, aus Mitgefühl; aus einer natürlichen Freude daran, uns das Leben gegenseitig schöner zu machen.

2. Die Sprache des Herzens

Ich habe Menschen beobachtet, in Familien, in Liebesbeziehungen und in anderen Zusammenhängen, und zwar Menschen, die wussten, wie man von Herzen gibt und bereitwillig und gerne zum Leben anderer beiträgt, ohne Tricks wie Schuldgefühle und Scham anzuwenden. Im Gespräch mit diesen Menschen erkundete ich, worin die Unterschiede zwischen ihrer Art zu sprechen und der Wolfssprache anderer Menschen bestanden. Diese Menschen waren ehrlich, auf eine Weise, die ich bis dahin noch nicht kannte. Ihre Ehrlichkeit kam von Herzen. Sie sagten den anderen, wie sie sich fühlten und was sie brauchten. Auszudrücken, wie wir uns fühlen und was wir brauchen, ist eine Sprache des Herzens. Diejenigen, die sie sprechen, verwenden keine Wörter, um andere zu kritisieren, sie zu verurteilen oder auszudrücken, sie seien im Unrecht. Die Ehrlichkeit dieser Menschen, die ich damals beobachtete, kam ganz einfach von innen. Sie waren sehr klar in dem, worum sie baten, aber sie stellten keine Forderungen.

Auch ich wollte diese Art von Sprache lernen und probierte aus, mit dem Herzen zu sprechen: Ich versuchte, meine Gefühle und Bedürfnisse auszudrücken, ohne zu kritisieren. Ich versuchte, klare Bitten zu formulieren, ohne Forderungen zu stellen. In meinen Beziehungen veränderte das einiges, was mir sehr gefiel. Ich begann deshalb, meinen Lernprozess dieser neuen Sprache mit anderen zu teilen. Wenn mir heute Menschen erzählen, wie diese Sprache konkret dazu beiträgt, ihre Familien- und Liebesbeziehungen im Alltag zu verändern, bin ich sehr zufrieden.

An dieser Stelle möchte ich gerne innehalten und Ihnen jetzt die Möglichkeit geben, Fragen zu stellen. Falls Sie keine Fragen haben, gibt uns das die Gelegenheit, die GFK bzw. die Giraffensprache auszuprobieren. Stift und Papier wären hilfreich. Wenn Sie kein Schreibmaterial zur Verfügung haben, können Sie die Übung langsam in Gedanken ausführen. Wir wollen erkunden, wie die Giraffensprache in ganz alltäglichen Situationen funktionieren kann und mit Ihren Lieben im Familienleben.

Übung: Wie Giraffensprache in ganz alltäglichen Situationen funktioniert

Bitte denken Sie jetzt an eine Ihnen nahestehende Person, die etwas getan hat, das Ihnen nicht gefällt. Vielleicht tut diese Person auch etwas, von dem Sie nicht wollen, dass sie es tut, und für Sie wäre es ein wahres Geschenk, wenn diese Person ihr Verhalten auf irgendeine Weise ändern würde. Sie werden in Giraffensprache mit diesem Menschen sprechen, um dafür zu sorgen, dass er sein Verhalten ändert.

Wenn Sie Giraffensprache sprechen wollen, bringen Sie klar zum Ausdruck, wie Sie sich fühlen und was in Ihrem Herzen vor sich geht. Teilen Sie ihre Gefühle mit, ohne ein Wort der Kritik, ohne ein Wort, das sich danach anhört, als wäre die andere Person im Unrecht. Jedes Wort, das aus Ihrem Mund kommt und sich wie eine Kritik anhört, macht es den anderen Personen schwer, Sie zu beschenken oder das zu tun, was Sie gerne hätten.

Stellen wir uns also jetzt vor, wir gingen zu dieser Person – vielleicht Ihr Kind, der Partner, die Partnerin, Ihre Großmutter oder sonst jemand. Zuallererst wollen Sie den anderen darauf aufmerksam machen, was er getan hat, das Ihnen nicht gefällt, und zwar ohne die geringste Kritik. Es geht darum, einfach und präzise zum Ausdruck zu bringen, was der andere getan hat, ganz ohne moralische Bewertung. Das könnte sich zum Beispiel so anhören:

GIRAFFE: „Als du das letzte Stück Kuchen gegessen hast, ohne die anderen zu fragen, ob sie auch etwas davon wollten, …"

Wir beginnen mit einer klaren Beobachtung des Verhaltens der anderen Person und nicht etwa mit einer Kritik, die sich so anhören könnte:

WOLF: „Wenn du die Bedürfnisse der anderen Familienmitglieder nicht respektierst, …"

Das wäre eine Analyse. Analysen jedoch wollen wir vermeiden und stattdessen einfach nur beobachten. Stellen Sie sich vor, Sie sprechen mit Ihrem Mann oder Ihrer Frau und sagen dann nicht:

WOLF: „Wenn du zu viel Fernsehen schaust, …"

„Zu viel" ist ein pauschales Urteil. Wir wollen präziser sein.

GIRAFFE: „Wenn du nach Hause kommst, den Fernseher anstellst und zwei Stunden davorsitzt, ohne etwas zu sagen, …“

Beginnen Sie das Gespräch mit Ihrem Gegenüber, indem Sie ganz objektiv sein Verhalten beschreiben.

(Die Teilnehmerinnen und Teilnehmer bearbeiten die Aufgabe.)

3. Bitte oder Forderung?

Mag jemand von Ihnen vielleicht vorlesen, was er geschrieben hat? Dann können wir sehen, ob er sich in Giraffensprache ausgedrückt hat oder nicht. Bitte, wer möchte anfangen?

TEILNEHMERIN (T): Ich rede mit meinem Mann darüber, dass es mich beruhigen würde, wenn er die Hundehütte repariert, denn dann wüsste ich, dass die Hunde es warm haben und sicher sind. Ich sage zu ihm: „Wenn du einverstanden bist, könntest du die Hundehütte reparieren."

MBR: Was ist Ihre Beobachtung? Fehlt der Hundehütte vielleicht die Tür?

T: Nein, sie hat eine Tür. Die hat aber etliche Löcher.

MBR: Diese Handpuppen helfen mir, Ihnen zu zeigen, ob das, was Sie gesagt haben, Wolfssprache oder Giraffensprache ist. Sie haben sich klar auf die Hundehütte bezogen, das war ziemlich deutlich. Sie haben auch Ihre Gefühle benannt, als Sie sagten, Sie seien unruhig, weil Sie sich Sorgen um die Hunde machen, und Ihr Bedürfnis wurde ebenfalls klar: Sie wollen, dass die Hunde sicher und geschützt sind. Das alles haben Sie gesagt, ohne den anderen zu kritisieren. Das Einzige, was mir nicht ganz klar ist, ist Ihre Bitte.

T: Wenn er wirklich wollte, könnte er die Hundehütte reparieren.

MBR: Sie möchten also, dass er Ihnen sagt, ob er bereit ist, die Hundehütte zu reparieren. Das ist ein gutes Beispiel für Giraffensprache. Ich bin mir sicher, Sie können alle sehen, wie machtvoll diese Sprache ist. Ich vermute, dass Sie jetzt glauben: Wenn wir diese Sprache mit unseren Familienmitgliedern sprechen, erhalten wir immer Antworten wie diese:

GIRAFFE: Mich berührt es, wie du mir deine Bedürfnisse offenbart hast, und ich schätze deine klare Ausdrucksweise. Ich werde sofort mit Freude die Hundehütte reparieren.

Glauben Sie wirklich, die anderen werden immer so antworten, wenn Sie die GFK anwenden? Unglücklicherweise glauben das tatsächlich viele. Sie können sich einfach nicht vorstellen, dass eine in Giraffensprache geäußerte Bitte anders beantwortet wird als eben demonstriert. Nun, was glauben Sie denn, würde Ihr Mann antworten, wenn Sie ihm die Frage so stellen?

T: Vielleicht müsste ich sie ihm zwei- oder dreimal stellen! Wenn ich ehrlich bin, habe ich mich wie ein Wolf verhalten. Ich habe ihn zwar gefragt, ob er damit einverstanden ist, die Hundehütte zu reparieren, aber … ich habe ihn kritisiert!

MBR: Selbst wenn Sie es noch so perfekt ausgedrückt hätten, müssten Sie doch mit dieser Art von Antwort rechnen:

WOLF: „Mach du es doch selbst!“

Oder der gleiche Inhalt in anderer Form:

WOLF: „Ja, ja, ich mach es später.“

Aber er macht es nicht. Es könnte auch folgende Antwort kommen:

WOLF: „Ja, ja.“

Aber es passiert nichts. Nicht was Sie *gesagt* haben ist das Problem, in allen drei Fällen nicht. Das Problem liegt darin, wie er es *aufgenommen* hat. Die drei soeben gehörten Antworten zeigen: Der andere hat Ihre Botschaft mit Wolfsohren empfangen und eine Forderung gehört. Wenn Menschen eine Forderung hören, verlieren sie jegliche Freude daran, etwas zu tun.

Was ist eine Forderung? Eine Forderung ist eine Bitte, die so gestellt wird, dass die anderen es bereuen werden, nicht das zu tun, um das wir sie bitten. Wenn wir nicht erreichen, was wir wollen, geben sich die anderen die Schuld dafür oder sie machen uns Schuldgefühle. Vielleicht haben Sie das bislang noch nie so gemacht. Wenn andere nicht getan haben, was Sie wollten, haben Sie vielleicht noch nie mit Kritik oder Schuldgefühlen agiert. Aber vielleicht hat die Mutter Ihres Gegenübers, sein Vater oder sein Lehrer – wann immer er nicht tat, was diese Personen wollten – solche Wolfstaktiken angewandt. Damit wollten sie ihn dazu zu bringen, es doch zu tun.

Eine Giraffe kann zwar eine Bitte stellen, aber wenn ihr Gegenüber in der Vergangenheit Wolfstaktiken ausgesetzt war, wird er sie dennoch als Forderung hören.

Wenn eine Bitte als Forderung gehört wird

Dazu ein Beispiel: Ich habe einmal mit Schülern gearbeitet, in deren Schule es viele Probleme gab. Man wollte sehen, ob ich den Schülern nicht Giraffensprache beibringen könnte. Ich kam also in einen Klassenraum mit 40 Schülern im Alter von ungefähr 16 Jahren. Etwa 20 von ihnen lehnten sich aus dem Fenster, um ihren Kameraden im darunter liegenden Stockwerk Obszönitäten zuzurufen. Ähnlich wie Sie gerade eine Bitte an Ihren Mann gestellt haben, damit er die Hundehütte repariert, habe ich damals ebenfalls eine Bitte an diese Schüler gerichtet. Ich sagte: „Ich möchte gerne, dass ihr alle hierherkommt und euch setzt." Die meisten setzten sich tatsächlich. Ich war mir nicht sicher, ob die anderen mich gehört hatten, und deshalb wiederholte ich meine Bitte. „Ich möchte gerne, dass ihr alle hierherkommt." Es setzten sich dann fast alle, bis auf zwei. Unglücklicherweise waren diese beiden die Größten und Kräftigsten von allen. Ich fragte sie: „Kann mir einer der beiden Herren bitte sagen, was er mich hat sagen hören?" Und einer von ihnen antwortete: „Ja, Sie haben gesagt, wir müssen zu Ihnen kommen und uns setzen." Er hatte eine Forderung gehört, obwohl ich nicht gesagt hatte: „Ihr müsst hierherkommen und euch setzen." Ich hatte gesagt: „Ich hätte gern, dass ihr euch setzt." Er aber hatte eine Forderung gehört.

Wenn Menschen Forderungen hören, haben sie nur zwei Möglichkeiten: Unterwerfung oder Rebellion. Der Schüler hatte bereits deutlich gemacht, welche Wahl er getroffen hatte. Deshalb sagte ich zu ihm: „Mein Herr – zu jemandem mit derart mächtigem Bizeps, vor allem wenn er noch tätowiert ist, sage ich immer „Herr" und „Sie" –, können Sie mir sagen, wie ich meine Bitte stellen kann, dass Sie sie nicht wie eine Forderung hören?" Daraufhin er: „Hä?" Für jemanden, der mit Wolfssprache aufgewachsen ist, war das etwas vollkommen Neues. Bei jemandem, an dessen Schule Bestrafung an der Tagesordnung ist, kommt jede an ihn gerichtete Bitte zunächst als Forderung an. Es wird ihm mehr Freude bereiten, Widerstand zu leisten, als zu kooperieren. Ich musste diesen Gentleman deshalb erst einmal davon überzeugen, dass meine Bitte: „Ich möchte gerne, dass ihr aller hierherkommt und euch setzt" wirklich ernst gemeint war und kein Trick. Wären seine Bedürfnisse andere als meine gewesen, hätte ich sie gerne gehört und berücksichtigt. Ich war mir sicher: Wenn wir auf der Ebene unserer Bedürfnisse ehrlich miteinander sind, finden wir auch einen Weg, die Bedürfnisse beider Seiten zu befriedigen.

4. Welche Rolle Gefühle und Bedürfnisse spielen

Wenn Sie also in der Vergangenheit Forderungen gestellt und andere kritisiert haben, wenn sie nicht taten, was Sie wollten, dann müssen Sie Ihrer Familie jetzt ankündigen, sie seien dabei, sich zu ändern. Ab jetzt möchten Sie, dass die anderen nur noch etwas machen, wenn sie es gerne tun. Sollte jemand Bedürfnisse haben, die verhindern, dass er es gerne tut, dann wünschen Sie sich von nun an, dass diese Bedürfnisse zum Ausdruck gebracht werden. Sie vertrauen darauf: Wenn alle ihre Bedürfnisse äußern, können diese auch befriedigt werden.

Hören wir uns jetzt noch weitere Situationen an: Gibt es andere Familienmitglieder, die Dinge tun, die uns nicht gefallen?

TEILNEHMER: Meine Kinder sitzen vor dem Fernseher und ich frage sie: „Habt ihr die Hausaufgaben gemacht?“ Wenn sie nicht darauf reagieren, werde ich lauter und sage: „Macht sofort den Fernseher aus und setzt euch an eure Hausaufgaben!“

MBR: Sie beobachten, dass Ihre Kinder fernsehen und keine Hausaufgaben machen. Sie eröffnen die Kommunikation deshalb, indem Sie um Information bitten. Wenn Sie fragen: „Seid ihr mit den Hausaufgaben fertig?“, antworten Ihre Kinder nicht, weil sie gelernt haben, niemals einem Wolf zu antworten, wenn ihr Anwalt nicht zugegen ist.

Eine Frage ist eine Bitte. Wenn wir aber nicht wissen, was im Herzen desjenigen, der die Bitte stellt, lebendig ist, kann es gefährlich sein zu antworten. Es ist viel sicherer, so wenig wie möglich zu sagen. Bevor Sie Ihre Frage stellen macht es daher Sinn, dass Sie zuerst mitteilen, wie Sie sich fühlen und welches Ihre Bedürfnisse sind. Meine Giraffe wird Ihnen jetzt helfen. Das hier sind die Wölfe, die fernsehen, anstatt Hausaufgaben zu machen.

T: Aber … ich fühle nichts, ich frage nach!

MBR: Dass Sie nichts fühlen, stimmt hoffentlich nicht, denn dann wären Sie tot. Wir alle haben Gefühle!

T: Ich bin besorgt und als Vater möchte ich wissen: „Kinder, habt ihr die Hausaufgaben gemacht?“ Ich beschränke mich nicht darauf, einfach nur „oh“ zu sagen!

MBR: Sie sagen, Sie seien besorgt. Doch gehen Sie nicht davon aus, dass die andere Person weiß, wie Sie sich fühlen. Wenn wir eine Frage stellen und wir fühlen uns besorgt, ohne es auszudrücken, wird diese Frage höchstwahrscheinlich aggressiv beim andern ankommen. Wenn wir nicht offen sagen, wie wir uns fühlen, setzen wir voraus, dass die andere Person unsere nicht ausgesprochenen Ängste und Sorgen kennt. Wer aber mit Wolfsohren eine mit besorgter Stimme gestellte Frage empfängt, hört nicht die Sorgen, sondern empfindet allein den Ton der Stimme als Kritik. Deshalb halte ich es für wichtig, als Erstes zu sagen, wie Sie sich fühlen:

Giraffe: „Wenn ich sehe, dass ihr fernseht, bin ich besorgt." Und dann nennen Sie den Grund für Ihre Besorgnis, ihre Bedürfnisse. Was sind Ihre Bedürfnisse?

T: Sie müssen ihre Hausaufgaben machen, denn sonst …. rufen mich die Lehrer an.

MBR: Sie wechseln gerade von Ihren Gefühlen zu einer Bitte: Sie wollen, dass die Kinder Hausaufgaben machen. Aber was ist Ihr Bedürfnis? Wollen Sie sich vor dem Lehrer schützen?

T: Nein, es geht um ihre Entwicklung!

MBR: Ah, Sie sind besorgt, weil Ihnen das künftige Wohlergehen Ihrer Kinder wichtig ist, und Sie möchten, dass es ihnen gut geht?

T: Ja, dass es ihnen gut geht.

MBR: Also, wenn Sie in Giraffensprache sprechen, sagen Sie Folgendes:

Giraffe: „Wenn ich sehe, dass ihr fernseht und eure Hausaufgaben nicht macht, bin ich wirklich besorgt. Ich habe das konkrete Bedürfnis, sicher sein zu können, dass ihr euch um eure Zukunft kümmert. Seid ihr bereit, den Fernseher auszuschalten und eure Hausaufgaben zu machen?"

Was meinen Sie? Würden die Kinder in etwa so antworten?

Wolf: „Nein. Nein! Ich will nicht. Die Schule ist blöd. Ich mache das später."

T: Sie würden einfach „Nein!" sagen und weiter fernsehen. Oder sie würden stöhnen und dann so tun als wäre nichts.

Die Botschaft des „Nein!"

MBR: Nehmen wir an, Ihre Kinder sagen „Nein!" oder „Ich will nicht!" Wie antwortet man darauf, wie reagiert man? Wie wir auf ein Nein reagieren, ist sehr wichtig. Wenn wir uns das Leben wirklich zur Hölle machen wollen, empfangen wir ein Nein mit Wolfsohren, die auf uns selbst gerichtet sind. Das Kind sagt „Nein" und wir nehmen es persönlich und sagen uns: „Ich habe als Vater, ich habe als Mutter versagt, denn mein Kind macht nicht, worum ich es bitte. Ich fühle mich schuldig, ich bin ein schlechter Vater, eine schlechte Mutter."

Eine weitere Möglichkeit ist, meine Wolfsohren auf den anderen zu richten. Dann nehme ich das Nein nicht persönlich, sondern kritisiere die andere Person für ihr Nein und sage zum Beispiel:

WOLF: „Sei nicht so respektlos!" Oder „Du bist faul". Oder etwas Ähnliches.

Wenn ich stattdessen die GFK anwenden möchte, wähle ich Giraffenohren. Sofort ist alles ganz anders. Sobald ich mit diesen Ohren höre, verschwinden alle Wölfe dieser Welt, denn mit diesen Ohren bin ich mir bewusst, dass Wölfe nichts anderes als Giraffen mit einem Sprachproblem sind. Wenn jemand Nein sagt, höre ich mit Giraffenohren kein Nein, sondern das Ja im Nein.

Jedes Nein ist ein unzureichender, armseliger und indirekter Ausdruck eines Ja. Jemand der Nein sagt, meint in Wirklichkeit: „Eines meiner Bedürfnisse verhindert, dass ich zu dem, worum du mich bittest, Ja sage." Mit Giraffenohren nehme ich also die in der Botschaft enthaltenen Gefühle und Bedürfnisse dieser Person wahr, egal wie die Botschaft selbst lautet. Auch wenn die Kinder still bleiben und nichts sagen, kann ich mit Giraffenohren trotzdem ihre im Schweigen lebendigen Gefühle und Bedürfnisse hören. Auch wenn sie Nein sagen, höre ich ihre Gefühle und Bedürfnisse. Wenn sie mich kritisieren und mir sagen: „Du machst dir zu viele Sorgen", höre ich ihre Gefühle und Bedürfnisse. Wenn ich in der Lage bin, ihre Gefühle und Bedürfnisse auf respektvolle Weise zu hören und die Kinder spüren und darauf vertrauen, dass ich genauso an ihren Bedürfnissen interessiert bin wie an meinen eigenen, dann werden sie sich auch mehr für meine Bedürfnisse interessieren.

Wenn die andere Person Nein sagt, hängen die Gefühle, die ich wahrnehmen kann, vom Tonfall ihrer Stimme ab, aber auch von dem, was gerade passiert. Folgendermaßen könnte ich versuchen, Verbindung aufzunehmen:

GIRAFFE: „Fühlst du dich genervt, weil du etwas tun möchtest, wann du es willst, und nicht, wenn du dazu gezwungen wirst?"

Darauf antwortet die angesprochene Person vielleicht mit Ja oder sie sagt:

WOLF: „Du tyrannisierst mich immer nur."

Für mich ist an diesem Punkt wichtig zu wissen, dass das ein Bedürfnis ist. Der andere hat das Bedürfnis, wählen zu können, was er tun will. Er will nicht dazu gezwungen werden. Dieser Fall erinnert ein wenig an den Schüler, von dem ich vorhin erzählt habe. Obwohl ich eine Bitte formuliert hatte, war bei ihm eine Forderung angekommen. Vielleicht passiert hier dasselbe. Vielleicht haben die Kinder statt einer Bitte eine Forderung gehört. Vielleicht ist es aber auch nicht so, vielleicht ist das Bedürfnis hinter dem Nein ein anderes. In einigen Familien, mit denen ich gearbeitet habe, könnte ein Nein Folgendes bedeuten:

WOLF: „Ich schaffe diese Arbeit nicht, sie ist zu schwierig für mich."

GIRAFFE: „Fühlst du dich unbehaglich, weil du es gerne verstehen würdest und es klappt nicht?"

WOLF: „Ja."

Das ist tatsächlich ein völlig anderes Bedürfnis als das, die Dinge nur aus freien Stücken tun zu wollen und nicht, wenn man dazu gezwungen wird. Das Nein könnte aber auch zehn andere Bedeutungen haben. Die Giraffenohren helfen mir, mich genau in diesem Moment mit diesem Menschen zu verbinden und zu verstehen, was hinter dem Nein steckt. Wenn ich auf respektvolle Weise die Bedürfnisse des anderen verstehen kann, finden wir einen Weg, um unser beider Bedürfnisse zu befriedigen. Darauf vertraue ich.

Kritik ist ein tragischer Ausdruck unerfüllter Bedürfnisse

T: Wenn der Partner der Frau von vorhin gesagt hätte „Nein, ich habe jetzt keine Lust, weil es mir draußen zu kalt ist. Ich mache es morgen", wäre das eine Antwort in Giraffensprache gewesen?

MBR: Die wirklich wichtige Frage ist, ob er eine Bitte oder eine Forderung gehört hat. Wenn er die Bitte seiner Frau als Forderung hört, wird er Widerstand leisten. Er wird rebellieren, selbst wenn die Handlung für ihn Sinn macht. Ein sehr starkes, uns allen gemeinsames Bedürfnis ist, unsere Autonomie zu schützen. Wir wollen keine Sklaven sein, wir wollen Dinge nur aus freien Stücken tun und nicht dann, wenn andere uns dazu zwingen. Wenn er von ihr eine Forderung hört, wird er wahrscheinlich Widerstand leisten.

Noch schlimmer ist es, wenn er eine Forderung hört und diese Forderung nicht von seiner Frau kommt, sondern von seinem inneren Wolf. Er sagt zu sich selbst, er solle es tun, und hält sich für faul, weil er so lange damit gewartet hat. Wenn wir eine Pflicht hören, wie zum Beispiel „du solltest", dann ist es egal, ob dieses „Sollen" von außen oder von innen kommt: Wir leisten in jedem Fall Widerstand. Das aufzudecken ist eine schwierige Sache. Für die Partnerin ist es eine delikate Angelegenheit, damit umzugehen. Wir müssen diesen Wolf erziehen:

GIRAFFE: „Wolf, bist du genervt, weil du meine Bitte als Forderung wahrgenommen hast und weil du nur etwas tun möchtest, wenn du selbst es willst, und nicht, wenn du dazu gezwungen bist?"

WOLF: „Ja! Du kommandierst mich nur herum und willst, dass ich Dinge erledige. Du verlangst von mir, dass ich tun soll, was du willst, und kannst es nicht ertragen, wenn ich mich mal fünf Minuten lang ausruhe."

GIRAFFE: „Kannst du mir sagen, auf welche Weise ich dich wissen lassen kann, was ich brauche, sodass es sich für dich nicht wie eine Forderung anhört? Es ist sehr schmerzhaft für mich, wenn ich nur zwei Möglichkeiten habe: Entweder behalte ich meine Bedürfnisse für mich oder ich drücke sie aus, um dann festzustellen, dass du sie als Forderungen hörst. Ich möchte meine Bedürfnisse gerne aussprechen und dafür sorgen, dass du sie als Geschenk empfängst, als eine Gelegenheit, mir etwas zu geben, wenn du es möchtest. Außerdem möchte ich gerne dein Vertrauen darin stärken, dass ich Verständnis dafür aufbringen werde, wenn du Bedürfnisse hast, die dich daran hindern, Ja zu meiner Bitte zu sagen. Wie fühlt sich das für dich an, wenn du das hörst?“

WOLF: „Es macht mich nervös, wenn du sagst, du wirst meine Bedürfnisse verstehen, wenn ich sie ausdrücke, auch wenn sie sich von deinen Bedürfnissen unterscheiden. Ein Teil von mir würde gerne darauf vertrauen. Allerdings habe ich immer wieder erlebt, dass andere zu Wölfen wurden, wenn ich nicht das tat, was sie von mir wollten.“

Wenn diese zwei Menschen in der Lage wären, so miteinander zu sprechen, könnten sie bestimmt eine Lösung finden.

T: Wie kann man vermeiden, vom Wolf überwältigt zu werden?

MBR: Wenn Sie es gewohnt sind mit Wolfsohren zu hören, ist es sehr beängstigend, von einem Wolf überwältigt zu werden, denn wenn der Wolf Dinge sagt wie: „Du stellst zu viele Forderungen“, glauben Sie das. Völlig vom Urteil des Wolfes eingenommen, werden Sie sich jedes Mal selbst hassen, sobald der Wolf ein Urteil über Sie äußert. Unglücklicherweise haben viele Menschen gelernt, Botschaften auf diese Weise zu empfangen. Wenn Sie jedoch Giraffenohren aufhaben, entziehen Sie dem Wolf jegliche Macht, Sie zu entmenschlichen. Wenn er Sie kritisiert oder verurteilt, wissen Sie, dass jede Kritik nur ein tragischer Ausdruck unbefriedigter Bedürfnisse ist. Sie hören keine Kritik, sondern nur das Bedürfnis.

WOLF: „Du telefonierst zu viel!“

GIRAFFE: „Brauchst du mehr Aufmerksamkeit für deine Bedürfnisse?“

Der Wolf verurteilt mich, aber ich höre kein Urteil. Ich höre das darin enthaltene Bedürfnis.

WOLF: „Du bist ein Chaot. Schau dir mal dein Zimmer an!“

Als Kind mit Giraffenohren glaube ich nicht dem Urteil, ein Chaot zu sein, sondern ich sage:

GIRAFFE: „Bist du gereizt, weil du gerne mehr Ordnung im Haus hättest?“

Weder empfangen wir Kritik noch verinnerlichen wir sie. Sie existiert nicht. Wir wissen, Kritik ist nur ein Ausdruck unbefriedigter Bedürfnisse.

5. Welche Botschaft übermittle ich? Welche kommt an?

T: Ich möchte gerne ein Problem mit einem dreijährigen Sohn lösen. Er weigert sich, verschiedene Lebensmittel zu essen. Um ihm ein Beispiel zu sein, habe ich ein paarmal versucht, auch seinen Teil zu essen. Das hat anfangs funktioniert, aber jetzt nicht mehr. Oder ich sage ihm, dass ich ihn nicht mehr auf die Schultern nehmen kann, weil mir die Beine wehtun, weil ich nicht genug esse. Mein Sohn sagt dann, dass auch ihm die Beine wehtun und er Vitamine haben möchte.

MBR: Ich hoffe, die Giraffenohren können Ihnen in dieser Situation nützlich sein. Sie haben gesagt, er weigere sich zu essen, aber *weigern* ist eine Wolfsidee. Dass jemand sich weigert, ist etwas, das Sie mit Wolfsohren hören. Mit Giraffenohren passiert das, was ich vorhin gesagt habe. Sie hören das Ja im Nein. Sie hören auf respektvolle Weise, welches seiner Bedürfnisse ihn daran hindert zu tun, was Sie möchten. Versuchen wir das mal. Das ist das dreijährige Kind, das sagt:

WOLF: „Ich will nicht essen."

Sie hören mit Giraffenohren zu. Was sind seine Gefühle und Bedürfnisse?

T: Ich interpretiere es als seine freie Wahl, wann er essen will oder nicht. Aber … im Kindergarten z.B. gibt es feste Zeiten für das Mittag- und Abendessen. Da gibt es viele Kinder, die wie er sind, doch die Erzieherinnen können das Essen nicht einfach zu unterschiedlichen Zeiten ausgeben.

MBR: Werden Sie sich darüber klar, was Sie soeben getan haben. Sie haben mit Giraffenohren begonnen und dann sehr schnell *aber* gesagt … Das ist ein Zeichen dafür, dass Sie nur ein einziges unmissverständliches Ziel haben, und dieses Ziel besteht darin, ihn zum Essen zu bewegen und dafür zu sorgen, dass er sich an den Tisch setzt. Solange das Ihr Ziel ist, überrascht es mich nicht, wenn er Widerstand leistet. Ich schlage vor, Sie machen weiter, wie Sie angefangen haben. Sie versuchen, seine Gefühle und Bedürfnisse zu spüren und ihm respektvolles Verständnis entgegenzubringen. Das heißt, Sie sagen nicht sofort *aber* … Es könnte sich zum Beispiel folgendermaßen anhören:

GIRAFFE: „Möchtest du essen, wenn du selbst es entscheidest, und nicht dann, wenn jemand anders dir sagt, es ist Zeit dafür?"

WOLF: „Ja. Ich will spielen."

GIRAFFE: „Bedeutet das, du hast gerade Spaß und möchtest weiterspielen?"

WOLF: „Ja."

Das hat mich wahrscheinlich 20 Sekunden gekostet. Natürlich kann es sein, dass ich viele andere Dinge zu tun habe und es nicht leicht für mich ist, mir diese 20 Sekunden Zeit zu nehmen, um innezuhalten und dem Kind respektvolles Verständnis für seine Bedürfnisse zu zeigen. Egal ob mit drei Jahren oder mit 33: Sobald jemand respektvolles Verständnis für seine Bedürfnisse spürt und wirklich darauf vertraut, dass der andere offen für die Bedürfnisse beider Seiten ist, wird er ebenfalls mehr Verständnis für die Bedürfnisse des anderen haben. Wenn ich ihn verstanden habe, sage ich daher zu ihm:

GIRAFFE: „Ich mag es nicht, den ganzen Tag kochen zu müssen. Ich habe auch gerne Spaß. Ich möchte nicht den ganzen Tag in der Küche verbringen. Kannst du mir bitte wiederholen, was du mich hast sagen hören?"

Giraffen sind sich bewusst, dass die Botschaften, die wir senden, oft nicht mit denen übereinstimmen, die die anderen hören. Das ist der Grund, weshalb ich mein Gegenüber bitte, mir zu wiederholen, was er mich hat sagen hören.

WOLF: „Aber ich will jetzt nicht essen."

GIRAFFE: „Ich hätte einfach gern, dass du mir sagst, was du gehört hast."

WOLF: „Ich habe es nicht gehört."

GIRAFFE: „Ich habe gesagt, dass ich nicht den ganzen Tag in der Küche verbringen mag. Ich will auch spielen. Kannst du mir das wiederholen?"

Nun, wenn das Kind drei Jahre alt ist, wird es das wahrscheinlich tun. Wenn es 33 Jahre alt ist, wird man es ihm womöglich weitere zwei oder drei Male wiederholen müssen. Erwachsene haben normalerweise hartnäckige Meinungen über andere und entsprechend schwierig ist es, ihnen unsere Bedürfnisse nahezubringen, ohne dass sie andere Botschaften dahinter vermuten.

Ich denke, wir können jeden Konflikt innerhalb von 20 Minuten lösen, wenn die beteiligten Personen es schaffen, ihre eigenen Bedürfnisse auszudrücken und die Bedürfnisse der anderen zu verstehen. Bei einem dreijährigen Kind kommt man auch mit weniger als 20 Minuten aus. Sobald ich ihm zeige, dass ich seine Bedürfnisse verstanden habe, wird auch das Kind wahrscheinlich bereit sein zu versuchen, meine zu hören.

WOLF: „Du willst auch spielen und nicht den ganzen Tag in der Küche verbringen."

GIRAFFE: „Vielen Dank, dass du das gehört hast. Ja, so ist es. Bist du also bereit, dann zum Essen zu kommen, wenn ich es sage, sodass ich mehr Zeit habe?"

WOLF: „Vielleicht ja, vielleicht nein."

Belohnung und Bestrafung

Je mehr respektvolles Verständnis wir für die Bedürfnisse auf beiden Seiten zeigen, umso schneller werden wir den Konflikt lösen. Je stärker wir Formen von Belohnung oder Bestrafung einsetzen, umso länger wird er dauern. Wenn wir jemanden durch Belohnung oder Bestrafung dazu bringen, das zu tun, was wir wollen, erreichen wir zwar scheinbar unser Ziel, aber wir erreichen es nicht aus den Gründen, aus denen heraus wir es eigentlich erreichen wollen.

Zwei Fragen helfen uns, die Grenzen von Belohnung und Bestrafung zu erkennen. Unglücklicherweise stellen wir uns diese Fragen normalerweise nicht. Wer in einer Welt der Bestrafungen und Belohnungen aufwächst, lernt nur diese beiden Wege kennen, um Konflikte zu lösen. Mithilfe der beiden Fragen wird uns jedoch deutlich, dass wir unsere Bedürfnisse niemals wirklich erfüllen können, wenn wir mit Belohnung oder Strafe agieren.

Die erste Frage lautet: *Was wollen wir, das die andere Person tut?*

Wenn wir es bei dieser Frage belassen, erleben wir vermutlich, dass Strafe und Belohnung manchmal funktionieren, denn es kann gelingen, ein Kind beispielsweise dazu zu bringen, an den Tisch zu kommen!

Die zweite Frage lautet: *Welche Gründe wünschen wir uns für das Handeln der anderen Person? Aus welcher Motivation heraus tut sie, was sie tut?*

Bei dieser zweiten Frage können wir erkennen, wie extrem zerstörerisch Belohnungen und Strafen sind, denn beide verhindern, dass wir das, was wir wollen, aus den Gründen bekommen, die wir uns wünschen.

T: Wenn mein Sohn aus der Schule kommt und die Lehrerin mir sagt, dass er sich schlecht benommen hat, tut mir das leid, denn ich möchte, dass er sich benimmt. Deshalb sage ich zu ihm: „Ich will dir helfen, aber du musst dich gut benehmen." Wenn mir die Lehrerin sagt, dass er sich nicht gut benommen hat, und ich ihn frage: „Wie war es heute in der Schule?", antwortet er mir: „Gut." Das ist eine Lüge und das tut mir wirklich leid.

MBR: Wenn Sie wollen, dass ein Kind aufhört zu lügen, hören Sie auf, es zu verurteilen und Schuldgefühle einzusetzen. In einer Wolfsstruktur mache es Sinn zu lügen. Wolfsstrukturen fördern das Lügen, denn wer gut lügen kann, vermeidet Schuldgefühle und Bestrafung. Wenn die Erwachsenen hingegen weder Schulgefühle noch Strafe anwenden, dann gibt es auch keinen Grund zu lügen.

6. Empathie

Jetzt zeige ich Ihnen, was das Problem ist. Ich habe im Laufe der Zeit mit vielen Kindern gesprochen, die sich so verhalten, wie Sie es geschildert haben. Da gibt es z.B. einen Jungen, der seinen Lehrern und Eltern zufolge sehr intelligent ist, sich aber nicht anstrengt. Sie bringen ihn in mein Büro und er erwartet, dass ich ihm eine Lektion erteile. Für ihn ist klar, dass man ihn zu mir gebracht hat, damit ich ihn zurechtweise und ihm erkläre, wie wichtig es ist zu lernen. Außerdem rechnet er damit, dass ich ihm all die schrecklichen Dinge aufzähle, die ihm im Leben zustoßen werden, wenn er es nicht tut. Schließlich erwartet er, dass ich ihm bewusst mache, welch große Sorgen sein Verhalten seinen armen Eltern bereitet. Er ist auf eine Lektion gefasst und fragt sich, wann sie wohl anfängt.

Ich aktiviere stattdessen meine Giraffenohren und versuche, seine Gefühle und Bedürfnisse zu hören.

GIRAFFE: „Es sieht so aus, als wärst du ziemlich unglücklich, hier zu sein, als wärst du lieber woanders."

WOLF: „Ja. Alle wollen, dass ich in der Schule besser werde."

GIRAFFE: „Anscheinend fühlst du sehr viel Druck, wenn alle das von dir wollen."

WOLF: „Ja. Ich weiß ja, sie haben recht. Wenn ich nicht lerne, bekomme ich keine guten Noten, und dann finde ich später auch keine Arbeit, die mir gefällt."

GIRAFFE: „Und das bekümmert dich sehr?"

WOLF: „Ja. Je mehr ich mich sorge, umso schwerer fällt mir das Lernen. Je mehr ich mir sage, ich sollte lernen, umso schwieriger wird es und umso mehr schiebe ich es auf. Je mehr ich es aufschiebe, umso mehr sage ich mir: ‚Das endet in einer Katastrophe, wenn du es nicht endlich tust.' Das ist ein schrecklicher Teufelskreis."

GIRAFFE: „Also, je mehr Sorgen du dir über die Schule machst, umso härter wird es für dich zu lernen, und je schwieriger das Lernen wird, umso schwieriger wird es für dich, gute Ergebnisse zu erreichen. Ist das so?"

WOLF: „Und es wird noch schwieriger, wenn ich dann sehe, wie meine Eltern leiden."

GIRAFFE: „Du machst dir also nicht nur Sorgen um deine Zukunft, sondern sorgst dich auch in der Gegenwart um deine Eltern?"

WOLF: „Ja, ich fühle mich schuldig, wenn sie so traurig aussehen."

GIRAFFE: „Bei all diesen Dingen, die in dir passieren, muss es sehr schwer für dich sein, dich in der Schule anzustrengen. Ist das so?"

WOLF: „Ja."

Wissen Sie, was mich die Eltern fragen? Sie fragen: „Was haben Sie ihm gesagt? Es ist geradezu ein Wunder, er hat angefangen zu lernen. Welche Zauberworte haben Sie ihm gesagt, um das zu erreichen?"

Dieser Junge braucht Empathie, so wie ich sie verstehe. Er braucht Empathie für das, was ihn vom Lernen abhält. Er weiß wahrscheinlich nur allzu gut, was ihm passieren wird, wenn er nicht gut in der Schule ist. Je mehr ihm das aber vorgehalten wird, umso mehr fürchtet er sich und umso schwieriger wird das Lernen für ihn. In einer Giraffenschule hätte er diese Sorgen nicht, denn in Giraffenschulen werden keine Noten gegeben und 100 % der Schüler erreichen 100 % der Ziele. Wenn nämlich die Ziele zum Wohlergehen des Menschen beitragen, wenn Belohnung und Strafe abgeschafft sind und keine Konkurrenz mehr herrscht, gibt es keinen Grund, warum 100 % der Schüler nicht auch 100 % der Ziele erreichen sollten. In einer Wettbewerbsstruktur hingegen leiden die Lehrer, leiden die Kinder und leiden die Eltern. Gibt es weitere Fragen oder Reaktionen zum Thema Giraffensprache, bevor wir den Abend beenden?

Ohne Wettbewerbsstrukturen lernen

T: Ich wüsste gerne, wo man so eine wettbewerbsfreie Schule finden kann.

MBR: Ich bin vor längerer Zeit in einer Schule in Israel gewesen. Fünf Minuten nach meiner Ankunft gerieten zwei Jungen in einen Streit. Sie kamen herein und baten um einen Mediator, und es wurde ein elfjähriger Junge ausgewählt, um ihnen bei der Lösung des Konflikts zu helfen. In dieser Schule haben alle Lehrer und alle Schüler Giraffensprache gelernt. Der Mediator hat dann einem der beiden eine Giraffenhandpuppe gegeben und dem anderen einen Haarreifen mit Giraffenohren. Zu dem Jungen mit der Giraffenhandpuppe sagte der Mediator:

„Kannst du die Fakten beschreiben?"

Der Junge begann: „Ich war auf dem Spielplatz und er ist gekommen und hat mich zu Boden geworfen."

Der Mediator fügte hinzu: „Jetzt die Gefühle."

„Ich fühle mich traurig und besorgt."

Dann wieder der Mediator: „Die Bedürfnisse."

„Ich habe das Bedürfnis, mit Respekt behandelt zu werden."

Der Mediator lud ihn dann dazu ein, seine Bitten zu formulieren.

„Ich will, dass er mir sagt, warum er das gemacht hat."

Der Mediator sagte zu dem Jungen mit den Giraffenohren:

„Mit den Giraffenohren geht es für dich darum, der anderen Person zuzuhören. Versuche zu wiederholen, was du ihn hast sagen hören. Zuerst die Fakten"

Darauf der Junge: „Er hat gesagt, ich habe ihn auf dem Spielplatz zu Boden geworfen."

„Was sind seine Gefühle?".

„Er fühlt sich traurig und besorgt."

„Was sind seine Bedürfnisse?"

„Sein Bedürfnis ist, mit Respekt behandelt zu werden."

„Wie lautet seine Bitte?"

„Er möchte, dass ich ihm sage, warum ich das gemacht habe."

Der Mediator fragte den Jungen, der zuerst gesprochen hatte: „Fühlst du dich verstanden?"

„Ja."

Dann sagte er: „Tauscht die Rollen."

Jetzt hatte der zweite Junge Gelegenheit, Giraffensprache zu sprechen, und der erste hörte ihm zu. In kurzer Zeit war der Konflikt gelöst. Der Mediator fragte den Jungen, der den Streit angefangen und als Erster gesprochen hatte, wie er sich in diesem Augenblick fühle, und er antwortete: „Ich fühle mich gut. Er ist mein Freund und es wäre schrecklich, ihn aus so einem Grund zu verlieren."

In der Schule erarbeiten Lehrer und Schüler gemeinsam die Ziele und setzen sie auch gemeinsam für jedes Kind einzeln fest. Die Schüler wählen ihre Lehrer selbst und 60 % entscheiden sich, von einem Mitschüler bzw. einer Mitschülerin unterrichtet zu werden. Alle Schüler an dieser Schule sind also zugleich auch Lehrer. Wenn ein Schüler bestimmte Ziele erreicht hat, warum sollte man ihm dann nicht die Gelegenheit geben, dieses Wissen auch anderen Schülern zu vermitteln? Die Lehrer erhalten so mehr Freiraum, mit den Schülern zu arbeiten, die eine individuellere Betreuung brauchen.

Diese Schule läuft so gut, dass die Europäische Union weitere Schulen finanzieren will, vier in Israel und vier in Palästina. Auch in Italien gibt es diverse Schulen, an denen es Fortbildungen in Gewaltfreier Kommunikation gibt. Wenn Sie mehr dazu wissen möchten, können Sie sich an Vilma wenden. Sie koordiniert diese Projekte.

Hierarchische Strukturen

T: Ich hätte gerne ein Beispiel aus der Arbeitswelt. Ich meine, wie wendet man diese Kommunikation in Firmen an, die ja normalerweise auf hierarchischen Beziehungen basieren …

MBR: Wenn Sie Manager sind und ein Teil Ihrer Arbeit darin besteht, die Leistungen Ihrer Angestellten zu bewerten, könnten Sie dafür sorgen, diese Bewertungen in Giraffensprache und nicht in Wolfssprache vorzunehmen.

Wenn Sie zum Beispiel früher gesagt hätten: „Sie sind nicht teamfähig" oder: „Ihr Verhalten ist unangemessen und negativ", würden Sie jetzt dasselbe machen wie die Schüler in der Giraffenschule. Sie sagen dieser Person klar, auf welche Fakten Sie sich beziehen, was also Ihre Beobachtung ist, wie Sie sich fühlen und was Sie in Bezug auf ein bestimmtes Verhalten brauchen, und dann stellen Sie eine klare Bitte. Ich denke, wenn Sie auf diese Weise kommunizieren, werden Sie feststellen, dass die Leute aus einer Bewertung in GFK mehr lernen als aus einer moralischen Beurteilung.

Hören Sie außerdem Ihren Angestellten mit Giraffenohren zu, um herauszufinden, welche ihrer Bedürfnisse im Konflikt mit den gewünschten Ergebnissen stehen. Die meisten Manager, mit denen ich arbeite, werden dann oft sehr nervös und sie behaupten: „Wir haben keine Zeit, den ganzen Tag nur da zu sitzen und zu reden. Unser Spiel heißt Profit und Produktivität. Zum Herumsitzen haben wir keine Zeit." Dabei kostet respektvolles Verständnis nachweislich viel weniger Zeit.

Ich denke da zum Beispiel an eine Schweizer Firma, in der es einen ungelösten Konflikt gab, der schon 15 Monate währte. Ich habe mir zunächst angeschaut, wie die Menschen in dieser Firma miteinander sprachen. Auf der einen Seite hieß es: „Gut, ich denke …" Und auf der anderen: „Ja, na gut, aber ich denke …" 15 Monate lang diskutierten sie schon auf diese Weise miteinander. Ihre Unfähigkeit, diesen Konflikt zu lösen, kostete die Firma sehr viel Geld.

Ich schaffte es, dass beide Seiten die Situation nicht weiter analysierten und stattdessen klar sagten, was sie als Menschen hinsichtlich dieser Situation fühlten und brauchten. Ich unterstützte beide Seiten, die menschlichen Gefühle und Bedürfnisse der jeweils anderen Seite wahrzunehmen. Anschließend sagten sie mir: Die 90 Minuten, die es gedauert hat, auf diese Weise miteinander zu reden, hätten mehr Ergebnisse gebracht als die vorhergehenden 15 Monate.

Wir haben aktuell immer mehr Kunden aus Unternehmen, aus dem Militär und von der Polizei. So langsam setzt sich das Verständnis durch, dass die traditionellen hierarchischen Konzepte und Beziehungsstrukturen in Wirklichkeit sehr ineffektiv für die Leitung von Organisationen sind.

Schluss

MBR: Vielen Dank an Angela und Vilma für die Organisation dieses Treffens und dass wir hier zusammenkommen konnten.

Angela B: Vielen Dank, Marshall, für den schönen gemeinsam verbrachten Abend. Ich bedanke mich bei allen Erziehern und Eltern des Kindergartens von Casalgrande, die Werbung für diese Veranstaltung gemacht haben. Mit der Verwaltung und der Kindergartenleitung werden wir schauen, ob die Möglichkeit besteht, mit einer Elterngruppe an diesem Thema weiterzuarbeiten. Falls der Wunsch besteht und Bedarf da ist, können Sie sich an Vilma wenden.

Allen noch einen schönen Abend. Ich hoffe, diese gemeinsame Zeit hat Ihnen geholfen zu verstehen, wie Sie am besten zu gelingenden Beziehungen in Ihren Familien und mit Ihnen nahestehenden Personen beitragen können. Welche Energie aus den Beziehungen zu unseren Lieben entspringt, wird uns erst dann vollkommen bewusst, wenn wir Liebe von Herzen geben und auch von Herzen empfangen.

Literatur

Becker, Ernest (1964): *The Revolution in Psychiatry: The New Understanding Of Man.* New York: Free Press.

Becker, Ernest (1971): *The Birth and Death of Meaning.* New York: Free Press.

Benedict, Ruth (1970): Synergy-Patterns of the Good Culture. *Psychology Today.* June, S. 53–77.

Buber, Martin (2008): *Ich und du.* Stuttgart: Reclam.

Costetti, Vilma (2000): *La Comunicazione Nonviolenta – Sperimentazione nella Scuola Elementare* (Buch + Video 12 Min.). Reggio Emilia: Edizioni Esserci.

Costetti, Vilma (2002): *La Comunicazione Nonviolenta. Gioia il segreto di una Giraffa, Sperimentazione nella scuola materna* (Video 9,37 Min.). Reggio Emilia: Edizioni Esserci.

Costetti, Vilma (2004): *L'arcobaleno dei sentimenti* (Buch + Video). Reggio Emilia: Edizioni Esserci.

Craig, James & Craig, Marguerite (1974): *Synergic Power.* Berkeley: Proactive Press.

Ellis, Albert & Harper, Robert A. (1961): *A Guide to Rational Living.* Englewood Cliffs: Prentice Hall.

Frankl, Victor (2009): *… trotzdem Ja zum Leben sagen.* München: Kösel.

Freire, Paulo (1970): *Pädagogik der Unterdrückten.* Reinbek: Rowohlt.

Green, Sokol (2003): *Classe Giraffa.* Reggio Emilia: Edizioni Esserci.

Greenburg, Dan & Jacobs, Marcia (2004): *Die Kunst, sich schlecht zu fühlen.* Frankfurt a. M.: Fischer.

Harvey, O. J. (1961): *Conceptual Systems and Personality Organization.* New York: Harper & Row.

Holt, John (2004): *Aus schlauen Kindern werden Schüler … Von dem, was in der Schule verlernt wird.* Weinheim: Beltz.

Katz, Michael (1971): *School Reform: Past and Present.* Boston: Little, Brown & Co.

Katz, Michael (1975): *Class, Bureaucracy and the Schools.* New York: Preager.

Keen, Sam (1993): *Die Lust, ich zu sein.* Bergisch-Gladbach: Lübbe.

Keen, Sam (1998): *Wider die Leere in unserer Zeit.* Bergisch-Gladbach: Lübbe.

Kohn, Alfie (1992): *No contest: The Case Against Competition.* New York: Hought Mifflin.

Kohn, Alfie (1999): *Punished by Rewards.* New York: Houghton Mifflin.

Kurtz, Ernest & Ketcham, Katherine (1988): *Die Spiritualität der Unvollkommenheit.* Freiburg: Lüchow.

Lerner, Michael (2000): *Spirit Matters.* Charlottesville: Walsch Books.

Mager, Robert (1977): *Lernziele und Unterricht.* Weinheim: Beltz.

Maslow, Abraham (1965): *Eupsychian Management.* Dorsey Press.

Maslow, Abraham (1994): *Psychologie des Seins.* Frankfurt a.M: Fischer.

McLaughlin, Corinne & Davidson, Gordon (1994): *Spiritual Politics: Changing the World from the Inside Out.* New York: Ballantine Books.

Milgram, Stanley (1974): *Das Milgram-Experiment.* Reinbek: Rowohlt.
Muller, Wayne (1992): *Legacy of the Heart. The Spiritual Advantages of a Painful Childhood.* New York: Simon & Schuster.
Postman, Neil & Weingartner, Charles (1971): *The Soft Revolution: A Student Handbook for Turning Schools Around.* New York: Delta.
Postman, Neil & Weingartner, Charles (1972): *Fragen und Lernen. Die Schule als kritische Anstalt.* Frankfurt a.M.: März-Verlag.
Powell, John (1969): *Why Am I Afraid to Tell You Who I Am?* Niles: Argus.
Powell, John (1974): *The Secret of Staying in Love.* Niles: Argus.
Rogers, Carl (1964): *Some Elements of Effective Interpersonal Communication.* Mimeographed paper from speech given at California Institute of Technology, Pasadena, CA, Nov. 9, 1964.
Rogers, Carl (1984): *Lernen in Freiheit.* München: Kösel.
Rosenberg, Marshall B. (1972): *Mutual Education: Toward Autonomy and Interdependence,* Seattle: Special Child Publications.
Rosenberg, Marshall B. (1999): *La Comunicazione Nonviolenta* (Buch + Video 1,30 Min.). Reggio Emilia: Edizioni Esserci.
Rosenberg, Marshall B. (2016): *Gewaltfreie Kommunikation. Eine Sprache des Lebens.* Paderborn: Junfermann.
Sharp, Gene (1980): *Social Power and Political Freedom.* Boston: Porter Sargent.
Szasz, Thomas S. (1975): *Psychiatrie – die verschleierte Macht.* Olten: Walter Verlag.

Anhang: Über Gewaltfreie Kommunikation

Wie Sie den GFK-Prozess anwenden können	
Ehrlich ausdrücken, **wie es mir geht**, ohne zu beschuldigen oder zu kritisieren.	Empathisch aufnehmen, **wie es dir geht**, ohne Beschuldigungen oder Kritik zu hören.
Beobachtungen	
1. Was ich beobachte *(sehe, höre, an was ich mich erinnere, was ich mir vorstelle, frei von meinen Bewertungen)*, das zu meinem Wohlbefinden beiträgt oder nicht: *„Wenn ich sehe, höre …“*	1. Was du beobachtest *(siehst, hörst, an was du dich erinnerst, was du dir vorstellst, frei von deinen Bewertungen)*, das zu deinem Wohlbefinden beiträgt oder nicht: *„Wenn du siehst/hörst …“* (Wird beim Anbieten von Empathie manchmal weggelassen.)
Gefühle	
2. Wie ich mich fühle *(Emotionen oder Empfindungen statt Gedanken)* in Beziehung zu dem, was ich beobachte: *„… fühle ich …“*	2. Wie du dich fühlst *(Emotionen oder Empfindungen statt Gedanken)* in Beziehung zu dem, was du beobachtest: *„… fühlst du …“*
Bedürfnisse	
3. Was ich brauche oder schätze *(statt einer Präferenz oder einer spezifischen Handlung)*, das meine Gefühle verursacht: *„… weil ich brauche/mir wichtig ist …“*	3. Was du brauchst oder schätzt *(statt einer Präferenz oder einer spezifischen Handlung)*, das deine Gefühle verursacht: *„… weil du brauchst/dir wichtig ist …“*

Klar um etwas bitten, das **mein** Leben bereichern würde, ohne zu fordern.	Empathisch aufnehmen, was **dein** Leben bereichern würde, ohne irgendeine Forderung zu hören.
Bitten	
4. Die konkreten Handlungen, von denen ich mir wünsche, dass sie in die Tat umgesetzt werden: *„Wärest du bereit, zu …?“* *„Und würdest du bitte …“*	4. Die konkreten Handlungen, von denen du dir wünschst, dass sie geschehen: *„Würdest du gern …?“* (Wird beim Anbieten von Empathie manchmal weggelassen.)

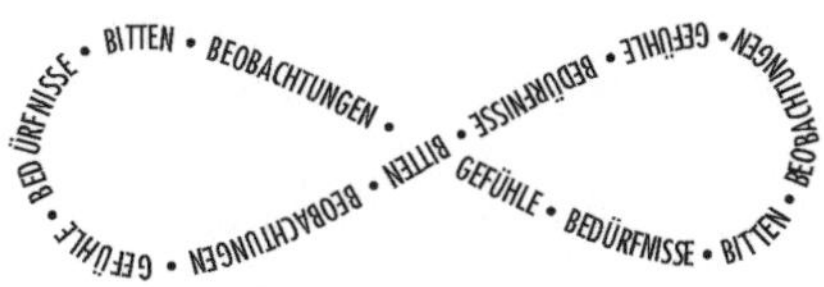

Grundlegende Gefühle, die wir alle haben

Gefühle, die auftreten, wenn Bedürfnisse erfüllt sind

angeregt, bewegt, dankbar, energiegeladen, erfreut, erfüllt, erleichtert, erstaunt, fasziniert, fröhlich, gerührt, hoffnungsvoll, inspiriert, optimistisch, stolz, vertrauensvoll, wohl, zuversichtlich

Gefühle, die auftreten, wenn Bedürfnisse nicht erfüllt sind

bekümmert, besorgt, einsam, entmutigt, enttäuscht, frustriert, gereizt, hilflos, hoffnungslos, nervös, traurig, unbehaglich, ungeduldig, verärgert, verlegen, verwirrt, widerwillig, wütend

Grundlegende Bedürfnisse, die wir alle haben

Autonomie

- Träume / Ziele / Werte wählen
- Pläne für die Erfüllung der eigenen Träume / Ziele / Werte entwickeln

Feiern

- die Entstehung des Lebens und die Erfüllung von Träumen feiern
- Verluste feierlich begehen: von geliebten Menschen, Träumen usw. (trauern)

Integrität

- Authentizität
- Kreativität
- Sinn
- Selbstwert

Interdependenz

- Akzeptanz
- Wertschätzung
- Nähe

- Gemeinschaft
- Rücksichtnahme
- zur Bereicherung des Lebens beitragen
- emotionale Sicherheit
- Empathie
- Ehrlichkeit (gemeint ist die Ehrlichkeit, die uns die Kraft gibt, aus unseren Schwächen zu lernen)
- Liebe
- Geborgenheit
- Respekt
- Unterstützung
- Vertrauen
- Verständnis
- Zugehörigkeit

Nähren der physischen Existenz

- Luft
- Nahrung
- Bewegung, Körpertraining
- Schutz vor lebensbedrohenden Lebensformen: Viren, Bakterien, Insekten, Raubtieren
- Ruhe
- Sexualleben
- Unterkunft
- Körperkontakt
- Wasser

Spiel

- Freude
- Lachen

Spirituelle Verbundenheit

- Schönheit
- Harmonie
- Inspiration
- Ordnung (im Sinn von Struktur / Klarheit)
- Frieden

Gewaltfreie Kommunikation

Vom Schlafzimmer bis zum Sitzungssaal, vom Klassenzimmer bis zum Kriegsgebiet: GFK verändert jeden Tag das Leben von Menschen. Sie ist eine leicht zugängliche, effektive Methode, um friedlich an die Wurzeln von Gewalt und Verletzung zu gelangen. Indem GFK sich den nicht erfüllten Bedürfnissen hinter unseren Handlungen und Aussagen zuwendet, trägt sie dazu bei, Feindseligkeiten zu reduzieren, Verletzungen wiedergutzumachen und berufliche wie private Beziehungen zu kräftigen. Mittlerweile wird GFK weltweit in Firmen, Schulen, Gefängnissen und Mediationszentren gelehrt. Und sie bewirkt kulturelle Paradigmenwechsel dort, wo Institutionen, Firmen und Regierungen das Bewusstsein der GFK in ihre Strukturen und ihren Führungsstil integrieren.

Die meisten von uns sehnen sich danach, in der Lage zu sein, die Qualität unserer Beziehungen zu verbessern, unseren Sinn für die eigenen Fähigkeiten zu stärken oder einfach effektiver zu kommunizieren. Leider werden die meisten von uns aber auch von Geburt an dazu erzogen, sich im Wettbewerb gegen andere zu behaupten, sie zu beurteilen, zu beanspruchen und zu diagnostizieren; in Begriffen von „Richtig“ und „Falsch“ über Menschen zu denken und zu kommunizieren. Im besten Falle behindern diese gewohnten Denk- und Sprachmuster die Kommunikation und erzeugen Missverständnisse oder Frustration. Sie können aber auch, schlimmer noch, Wut und Verletztheit hervorrufen und zu Gewalt führen. So erzeugen selbst Menschen mit den besten Absichten gegen ihren Willen überflüssige Konflikte.

GFK hilft uns dabei, unter die Oberfläche zu kommen und zu entdecken, was in uns lebendig ist und dass all unsere Handlungen auf menschlichen Bedürfnissen basieren, die wir uns zu erfüllen trachten. Mit ihr lernen wir ein Vokabular für Gefühle und Bedürfnisse zu entwickeln, mit dessen Hilfe wir klarer ausdrücken können, was in uns in jedem beliebigen Augenblick vorgeht. Wenn wir unsere Bedürfnisse verstehen und anerkennen, entwickeln wir eine gemeinsame Grundlage für weitaus befriedigendere Beziehungen. Schließen auch Sie sich den Tausenden von Menschen auf der ganzen Welt an, die mit diesem einfachen, aber revolutionären Prozess ihre Beziehungen und ihr Leben verbessert haben.

Über das Center for Nonviolent Communication

Das Center for Nonviolent Communication (CNVC) ist eine internationale, gemeinnützige friedenstiftende Organisation, deren Vision eine Welt ist, in der die Bedürfnisse aller Menschen auf friedliche Weise erfüllt werden. Das CNVC widmet sich der Verbreitung der GFK auf der ganzen Welt.

Seit seiner Gründung durch Marshall B. Rosenberg im Jahre 1984 trägt das CNVC zu einem umfassenden Wandel des Denkens, Sprechens und Handelns bei – es zeigt Menschen, wie sie miteinander auf eine Weise in Verbindung treten können, die mitfühlende Ergebnisse hervorbringt. Inzwischen wird die GFK weltweit in Gemeinden, Schulen, Gefängnissen, Mediationszentren, Kirchen, Unternehmen, auf Kongressen und in vielen anderen Kontexten gelehrt. In mehr als 60 Ländern unterrichten Hunderte von zertifizierten Trainerinnen und Trainern jedes Jahr Tausende von Menschen in GFK.

Das CNVC ist davon überzeugt, dass GFK-Training ein wesentlicher Schritt zum nachhaltigen Aufbau einer einfühlsamen, friedlichen Gesellschaft ist. Ihre Spende kann dazu beitragen, GFK-Trainings in den ärmsten und gewalttätigsten Regionen der Welt anzubieten. Sie wird darüber hinaus die Entwicklung und Fortführung organisierter Projekte unterstützen, welche die GFK in die Gegenden und zu den Bevölkerungsschichten bringen wollen, die sie dringend benötigen. Für eine Spende und Näheres zu den nachfolgend genannten weiteren Aspekten der Arbeit des CNVC besuchen Sie bitte die Website ↗ http://www.cnvc.org.

9301 Indian School Rd., NE, Suite 204, Albuquerque, NM 87112-2861, USA
Tel.: 01-505-244-4041
Fax: 01-505-247-0414
E-Mail: cnvc@cnvc.org
Website: http://www.cnvc.org

Über den Autor

Dr. Marshall B. Rosenberg (1934–2015) ist Begründer des Center for Nonviolent Communication (CNVC), dessen Trainingsbereich er über lange Jahre leitete.

Rosenberg hat mehr als 15 Bücher geschrieben und wurde für seine GFK-Arbeit mit zahlreichen internationalen Preisen ausgezeichnet.

Rosenberg setzte die GFK zunächst in den 1960er-Jahren in Projekten ein, die der Mediation und Vermittlung von Kommunikationsfähigkeiten dienten. Sie wurden damals von der US-Regierung gefördert. 1984 gründete er das Center for Nonviolent Communication (CNVC). Seither hat sich das CNVC zu einer internationalen gemeinnützigen Organisation mit Hunderten zertifizierter Trainerinnen und Trainer entwickelt, die in über 60 Ländern weltweit GFK lehren.

Marshall Rosenberg war ein gefragter Redner, Friedensverhandler und eine visionäre Führungsfigur. Er hat weltweit Workshops und Intensivtrainings für Zehntausende von Menschen abgehalten und darüber hinaus Trainingsangebote und Programme zur Förderung des Friedens in Kriegsgebieten wie Nigeria, Sierra Leone und dem Nahen Osten entwickelt. Unermüdlich hat er mit Erzieherinnen und Erziehern, Managern, Krankenschwestern, Anwälten, Soldaten, Gefangenen, Polizisten und Gefängniswärtern, Regierungsvertretern und einzelnen Familien gearbeitet. Mit seiner Gitarre, seinen Handpuppen und einer spirituellen Energie, die den Raum erfüllen konnte, hat Marshall Rosenberg uns den Weg zu einer friedlicheren und zufriedeneren Welt gewiesen.

Über Vilma Costetti und das Centro Esserci

Vilma Costetti (1950–2013) war die erste und über längere Zeit auch einzige vom CNVC zertifizierte Trainerin für Gewaltfreie Kommunikation in Italien. Von 1989–2001 lud sie Marshall Rosenberg ein- bis zweimal jährlich zu Seminaren ein. Nach ihrer CNVC-Zertifizierung Anfang der 1990er-Jahre verbreitete sie die Gewaltfreie Kommunikation als Trainerin in Italien und beteiligte sich auch am französischsprachigen GFK-Netzwerk.

1991 gründete Vilma Costetti das Centro Esserci und 2003 den Verlag Edizioni Esserci, in dem als erstes Buch die italienische Ausgabe von *Gewaltfreie Kommunikation – eine Sprache des Lebens* von Marshall Rosenberg erschien. Schritt für Schritt erweiterte sie das Verlagsprogramm. Es erschienen weitere Titel von Marshall Rosenberg, aber auch Bücher von Thomas D'Ansembourg, Lucy Leu, Sylvia Haskvitz u.a. Sie verlegte zudem italienische Autoren, mit besonderem Augenmerk auf den Bereich Erziehung, Politik und Gesellschaft. Vilma Costetti verfasste ebenfalls eigene Bücher, teils mit Co-Autoren und in der Zusammenarbeit mit Illustratoren.

Aktuell hat die Edizioni Esserci ca. 90 italienischsprachige Bücher im Programm und ca. 40 Titel in französischer und englischer Übersetzung; insgesamt also etwa 130 Titel.

Seit 2013 werden das Centro Esserci und der Verlag von Vilma Costettis Tochter weitergeführt.

Gewaltfreie Kommunikation im deutschsprachigen Raum

Mittlerweile hat sich die GFK so stark verbreitet, dass es nicht mehr möglich ist, alle GFK-TrainerInnen aktuell hier im Buch aufzulisten. Da hilft uns das Internet, das zahllose Möglichkeiten bietet, die GFK nah und fern zu finden. Wir hoffen, dass auch Sie hier bei Bedarf fündig werden.

Auf diesen überregionalen Internetseiten können Sie sich neutral über die Gewaltfreie Kommunikation informieren:

↗ http://www.CNVC.org

Die Seite des Center for Nonviolent Communication in den USA (ursprünglich von Marshall B. Rosenberg gegründet) informiert international über CNVC-zertifizierte GFK-TrainerInnen, Weiterbildungsmöglichkeiten und über weltweite GFK-Projekte.

↗ http://www.gewaltfrei.de

Eine neutral informierende Seite, die GFK-TrainerInnen aus Deutschland, Österreich und der Schweiz umfassend auflistet. Sie finden auch Seminar- und Ausbildungsangebote. Weiterhin werden hier überregionale GFK-Seiten sowie regionale GFK-Vereine und lokale Übungsgruppen aufgelistet. Sie können über diese Seite auch GFK-Bücher und -Materialien bestellen.

↗ http://www.gewaltfrei-dach.eu

Der Dachverein veranstaltet GFK-Seminare und -konferenzen, informiert über GFK-Zentren sowie über GFK-Projekte und bietet Finanzierungsmöglichkeiten für solche Projekte an. Ebenso wird auf die CNVC-Zertifizierung für GFK-TrainerInnen auf der Webseite unter Mitglieder / Kreis der AssessorInnen hingewiesen. Neu ist das dazugehörige Veranstaltungsportal ↗ http://www.gewaltfrei-info.eu., auf dem Sie GFK-Veranstaltungen aller Art finden können.

↗ http://www.fachverband-gfk.org

Der Fachverband bietet eine Qualitätssicherung der Weitergabe der GFK in Form einer Anerkennung für GFK-TrainerInnen an. Alle Infos dazu auf der Webseite. Weitere Schwerpunkte sind die Vernetzung der TrainerInnen untereinander und das Erschließen neuer Zielgruppen für die GFK. Es werden regelmäßig GFK-Fachkonferenzen veranstaltet.

↗ http://www.gewaltfrei.at

Hier können Sie sich über die zahlreichen GFK-Aktivitäten in Österreich umfassend informieren; ebenso über die Zertifizierungs- und Anerkennungsmöglichkeiten als GFK-TrainerInnen des CNVC und des Fachverbands Gewaltfreie Kommunikation.

Leseprobe

(aus: Marshall B. Rosenberg (2019): *Empathisch kommunizieren*, Paderborn: Junfermann.)

Empathisch zuhören

Ich möchte dir
Empathie schenken
und mich
von den Vorurteilen befreien,
die meine Sicht einschränken.

Es hat mich einige Zeit gekostet,
aber endlich habe ich erkannt,
wie sehr ich in der Gegenwart fehle,
weil meine Augen
vernebelt sind von der Vergangenheit.

Wenn ich mir etwas mehr Zeit nehme,
bevor ich antworte,
befreie ich mich von den Projektionen,
die meinen Blick entmenschlichen.

Wenn wir den Austausch von Ressourcen fördern und Konflikte auf gewaltfreie Weise lösen möchten, müssen wir auch in der Lage sein, von unserem Gegenüber Auskunft über diese vier Punkte einzuholen:

- Was beobachtet er?
- Was fühlt er im Zusammenhang mit dem, was er beobachtet?
- Welche Werte und Bedürfnisse tragen zur Entstehung seiner Gefühle bei?
- Um was bittet er?

Ich kommuniziere gerne mit Menschen, die darin geübt sind und das nötige Vertrauen haben, diese vier Punkte auszudrücken. Doch oft treffe ich auf Menschen, denen es an Übung fehlt und an dem Zutrauen, die gefragten Informationen beizusteuern.

Diesen Begegnungen mit anderen Menschen verdanke ich es, dass ich zwei Wege gefunden habe, an die vier Informationen zu kommen:

1. Ich sage zuerst, welche Gefühle mich dazu bewegen, meine Bitte vorzubringen. Wenn mir zum Beispiel jemand sagt: „Du bist kühl und distanziert", könnte ich antworten: „Ich bin beunruhigt, weil mir nicht klar ist, was genau ich tue, dass du auf diese Weise wahrnimmst. Wärst du bereit, es mir zu sagen?"

   Ich habe nämlich folgende Erfahrung gemacht: Wenn ich Fragen wie: „Wovon sprichst du?" oder: „Was habe ich getan / nicht getan?" stelle, interpretiert mein Gesprächspartner in der Regel meine Gründe dafür falsch und vermutet bei mir eine Abwehrhaltung oder einen Versuch, ihn ins Kreuzverhör zu nehmen.

2. Ich wiederhole, was mir gesagt wurde, sodass mein Gesprächspartner überprüfen kann, ob ich es richtig verstanden habe. Auf diese Weise zeige ich ihm, wie ich seine Botschaft interpretiert habe, und gebe ihm, wenn nötig, die Möglichkeit, mich zu korrigieren.

   Eine solche Wiederholung des Gesagten könnte ich folgendermaßen einleiten:
   „Reagierst du auf …?" oder „Fühlst du dich …, weil du …?" oder auch: „Möchtest du, dass ich…?".

   In welchen Situationen würde ich mich entscheiden, meinem Gesprächspartner zu wiederholen, was er mir soeben gesagt hat? Hierzu einige Beispiele:

   a. Mein Gesprächspartner signalisiert mir indirekt, dass er das Bedürfnis nach Bestätigung hat, ob seine Botschaft korrekt empfangen wurde. Solche indirekten Signale werden häufig so geäußert: „Ist das klar?" Oder: „Verstehst du, was ich sagen will?"
   b. Ich bin mir nicht sicher, ob ich die Beobachtungen, Gefühle oder Bedürfnisse des anderen exakt erfasst habe, und will das überprüfen, bevor ich reagiere.

c. Ich erinnere mich daran, dass ich kürzlich selbst ein ähnliches Thema zur Sprache gebracht habe und an mein Bedürfnis, meine Gefühle widergespiegelt zu bekommen. Ich weiß, wie verletzlich ich mich fühle, wenn ich mich jemandem anvertraue, und es beruhigt mich, wenn mir wiederholt wird, was ich gesagt habe.

Wenn jemand mir etwas Intimes mitteilt, würde ich aufgrund dieses letzten Punktes dazu tendieren, ihm das, was ich gehört habe, zu wiederholen. Auch dann, wenn er mir keine spezifischen Hinweise darauf gibt, dass er das möchte, und ich mir ziemlich sicher bin, ihn richtig verstanden zu haben.

Notizen

Notizen

Notizen

Notizen

Notizen